COLOUR TEST PAGE

CHASE
GOD

STAY
TRUE

LOVE
WINS

MAKE
WAVES

BE FEARLESS

EMBRACE
CHANGE

KEEP
FAITH

CONQUER
FEAR

FIND
PURPOSE

OWN YOUR
DAY

SMILE
OFTEN

STAY
SHARP

GROW
STRONG

RISE
HIGH

LEAP
BOLDLY

STAY
GOLDEN

BREATHE
DEEP

LAUGH
LOUD

THINK
BIG

SEEK
PEACE

STAY
STRONG

DREAM
BIG

BELIEVE

KEEP
GOING

YOU
CAN

RISE
UP

EMBRACE
FEAR

SHINE
ON

OWN
IT

FIND
JOY

SEEK
LIGHT

GROW
DAILY

CHASE
PASSION

YOU'RE
ENOUGH

CREATE
JOY

STAY
BOLD

PERSIST

TRUST
SELF

SEIZE
NOW

LOVE
LIFE

BE
BRAVE

HOPE
ON

THRIVE

FIND
PEACE

SPREAD
LOVE

PERSEVERE

DARE
GREATLY

SPARK
JOY

JUST START

STAY
FIERCE

STRIVE
ON

DO
EPIC

WIN
WITHIN

BE
BOLD

LIVE
FULLY

DREAM
ON

YOU
ROCK

SPARKLE!

TRUST
YOURSELF

DON'T
GIVE UP

THANK YOU

www.ingramcontent.com/pod-product-compliance
Lightning Source LLC
Chambersburg PA
CBHW060354130626
46553CB00003B/1220
* 9 7 9 8 8 8 9 4 0 8 8 1 9 *